150 Questions

POUR MIEUX SE CONNAÎTRE

RÈGLES DU JEU

Installez-vous bien confortablement en compagnie de votre partenaire.

Choisissez un lecteur parmi vous. Lisez chaque question à voix haute et répondez-y à tour de rôle.

Pour chaque mauvaise réponse, votre partenaire a droit à un gage, et en cas de bonne réponse, le jeu se poursuit avec un bisou ou un câlin en guise de récompense.

Pour vous aider, nous vous proposons quelques exemples de gages simples à donner :
- Préparer un dîner romantique,
- Plus le droit de répondre "NON" à une certaine demande,
- Dire la vérité à une question posée par votre partenaire,
- Faire les corvées ménagères,
- Ne plus râler pendant toute une journée,
- Trouver le prochain film à regarder ensemble,
- Écrire un mot doux à votre partenaire,
- Être de corvée de vaisselle pendant une semaine,
- Sortir les poubelles pendant deux semaines,
- Inviter vos beaux parents pour un dîner à la maison,
- Chanter la chanson préférée de votre amoureux(se),
- Faire un bisou esquimau,
- Aller chercher des croissants demain matin,
- Servir son partenaire pour le reste de la journée,
- Payer la note du prochain restaurant.

Vous pouvez aussi pimenter le jeu avec des gages plus coquins :

- Retirer un vêtement,
- Faire un massage pendant 3 minutes,
- Faire une danse sensuelle,
- Choisir le prochain film coquin à regarder ensemble,
- Faire 3 bisous sur 3 endroits différents du corps de votre partenaire,
- Danser un slow langoureux,
- Dormir nu(e) la prochaine nuit,
- Susurrer des mots cochons à l'oreille de votre partenaire,
- Enlever ses sous-vêtements,
- Embrasser la zone du corps désignée par votre partenaire,
- Faire la statue pendant 1 minute. Votre partenaire peut faire tout ce qu'il veut... mais attention car vous n'avez vraiment pas le droit de bouger !
- Mordre doucement l'oreille de votre homme ou de votre femme,
- Verser du sirop, ou du chocolat sur le ventre de votre chéri(e) et le lécher,
- Faire un suçon,
- Enlever un vêtement de votre partenaire en utilisant seulement votre bouche,
- Manger une banane ou lécher une sucette de façon érotique,
- Simuler un orgasme,
- Faire une démonstration de air sexe.

Vous avez là de nombreuses idées de gages ! Donnez aussi libre court à votre imagination... ☺

Quelle est ma série TV préférée ?

Qui a dit "Je t'aime" en premier ?

Bonne réponse !
Un bisou ou un câlin

Mauvaise réponse !
Un gage

3

Qu'est-ce qui me fait le plus peur dans la vie de couple ?

4

Quel métier je voulais faire quand j'étais petit(e) ?

 Bonne réponse !
Un bisou ou un câlin

 Mauvaise réponse !
Un gage

Bonne réponse !
Un bisou ou un câlin

Mauvaise réponse !
Un gage

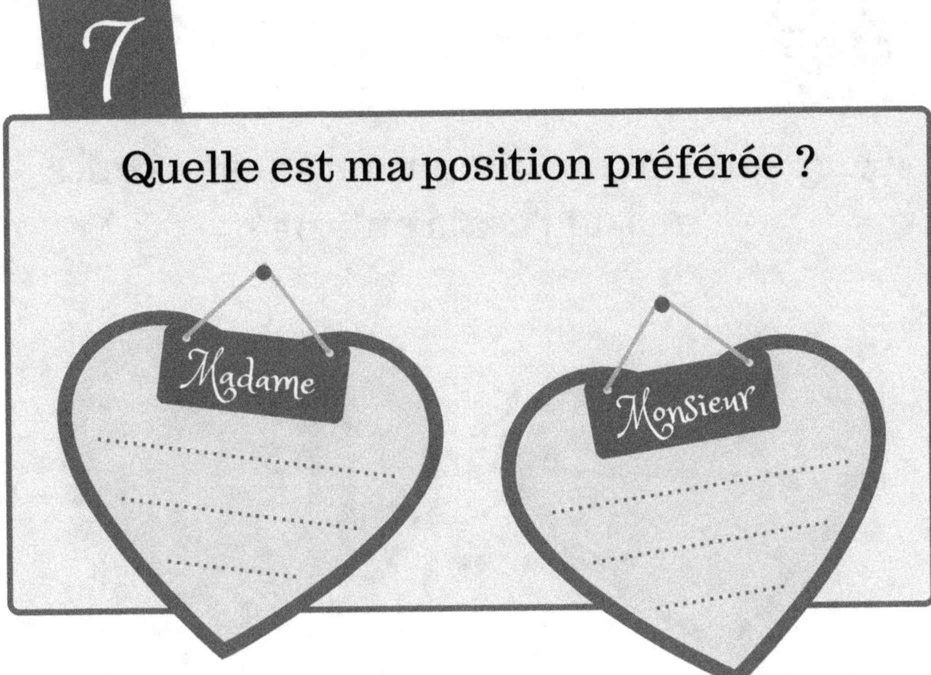

7

Quelle est ma position préférée ?

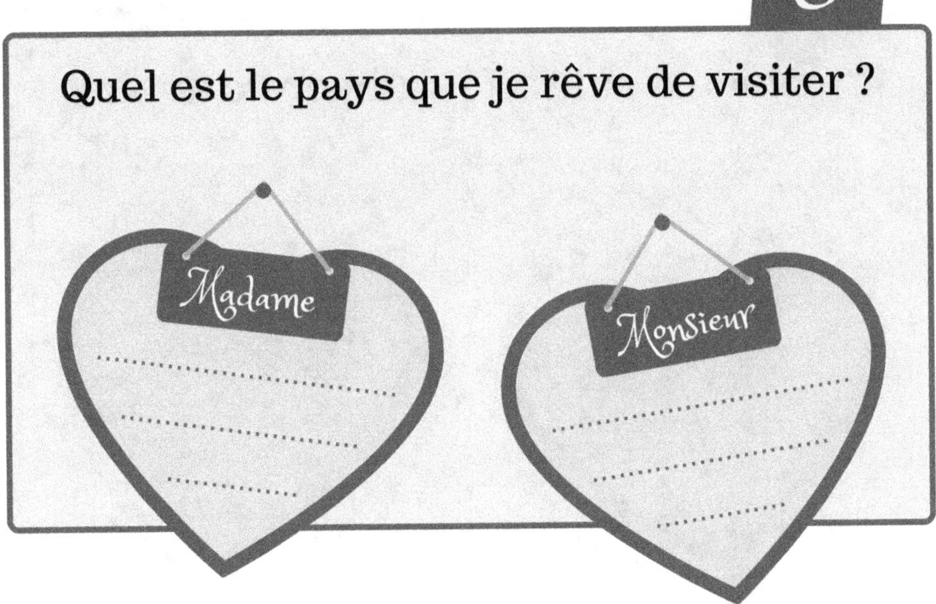

8

Quel est le pays que je rêve de visiter ?

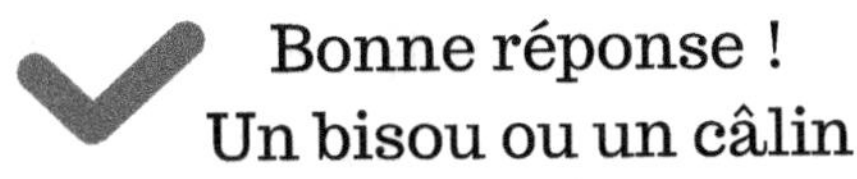 Bonne réponse !
Un bisou ou un câlin

 Mauvaise réponse !
Un gage

Quel surnom me donnaient mes parents quand j'étais enfant ?

Combien d'enfant(s) j'aimerais avoir ?

Bonne réponse !
Un bisou ou un câlin

Mauvaise réponse !
Un gage

Quelle est la période de l'année que je préfère ?

Quel genre de sortie en amoureux je préfère ?

 Bonne réponse !
Un bisou ou un câlin

 Mauvaise réponse !
Un gage

13

Comment j'aime manger ma viande ?
Saignante, à point, bien cuite... ?

14

De quelle maison de Poudlard j'aimerais faire partie ?

 Bonne réponse !
Un bisou ou un câlin

 Mauvaise réponse !
Un gage

Qu'est-ce que je fais toujours sans m'en rendre compte (tocs) ?

Quel est le premier signe qui montre que j'ai trop bu ?

 Bonne réponse !
Un bisou ou un câlin

 Mauvaise réponse !
Un gage

17

Quel est mon animal préféré ?

18

À quel âge ai-je perdu ma virginité ?

 Bonne réponse !
Un bisou ou un câlin

 Mauvaise réponse !
Un gage

19

Quel est mon plat préféré ?

20

Qu'est-ce que j'ai l'habitude de commander au fast-food ?

 **Bonne réponse !**
Un bisou ou un câlin

 **Mauvaise réponse !**
Un gage

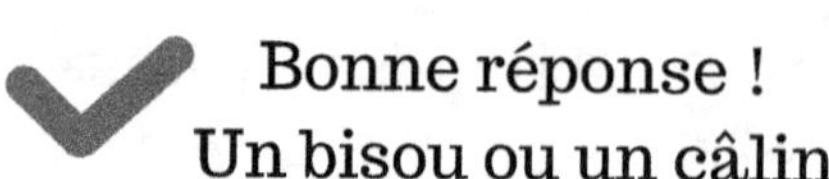 Bonne réponse !
Un bisou ou un câlin

 Mauvaise réponse !
Un gage

23

Combien de fois j'ai dû passer l'examen du permis de conduire ?

24

Quel est le modèle de voiture de mes rêves ?

 Bonne réponse !
Un bisou ou un câlin

 Mauvaise réponse !
Un gage

Quels sont les continents que je n'ai pas encore visités ?

Quelle est la date de notre rencontre ?

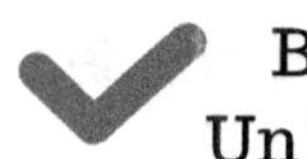 Bonne réponse !
Un bisou ou un câlin

 Mauvaise réponse !
Un gage

27

Qu'est-ce qui m'excite le plus dans le sexe ?

28

À quoi est-ce que je suis allergique ?

Bonne réponse !
Un bisou ou un câlin

Mauvaise réponse !
Un gage

 Bonne réponse !
Un bisou ou un câlin

✗ Mauvaise réponse !
Un gage

Qu'est-ce que tu ne fais pas à la maison que j'aimerais que tu fasses ?

Si je pouvais ressusciter une célébrité, qui choisirais-je ?

 Bonne réponse !
Un bisou ou un câlin

 Mauvaise réponse !
Un gage

33

Si je pouvais voyager dans le temps, j'irais dans quelle époque ?

34

Quelle est la corvée ménagère que je déteste le plus ?

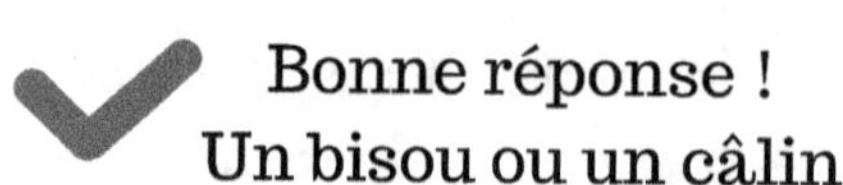 Bonne réponse !
Un bisou ou un câlin

 Mauvaise réponse !
Un gage

35

Dans quelle ville je me sens le mieux ?

36

Si je pouvais choisir n'importe quel pouvoir, lequel choisirais-je ?

 Bonne réponse !
Un bisou ou un câlin

 Mauvaise réponse !
Un gage

Où est-ce que je ne veux plus jamais passer mes vacances ?

Quel est le fantasme sexuel que je n'ai pas encore assouvi ?

 Bonne réponse !
Un bisou ou un câlin

 Mauvaise réponse !
Un gage

Quelle est la marque de parfum que je mets le plus souvent ?

Qu'est-ce que j'aime faire et dont j'ai le plus honte ?

 Bonne réponse !
Un bisou ou un câlin

 Mauvaise réponse !
Un gage

41

Dis-moi 3 choses que j'aime chez toi.

42

Dis-moi 3 choses qui m'énervent chez toi.

 Bonne réponse !
Un bisou ou un câlin

 Mauvaise réponse !
Un gage

Comment étais-je habillé(e) lors de notre première rencontre ?

Qu'est-ce qui me fait toujours sourire ?

 Bonne réponse !
Un bisou ou un câlin

 Mauvaise réponse !
Un gage

Quelle était ma matière préférée à l'école ?

Quel était le nom de mon lycée ?

Bonne réponse !
Un bisou ou un câlin

Mauvaise réponse !
Un gage

47

Quel film me fait toujours pleurer ?

48

Quel est le nom de jeune fille de ma mère ?

Bonne réponse !
Un bisou ou un câlin

Mauvaise réponse !
Un gage

49

Qu'est-ce qui me rend jaloux(se) ?

50

Quels sont les sports que j'ai pratiqués ?

 Bonne réponse !
Un bisou ou un câlin

 Mauvaise réponse !
Un gage

Qui est le/la plus groumand(e) ?

Quelle est mon histoire sexuelle la plus embarassante ?

Bonne réponse !
Un bisou ou un câlin

Mauvaise réponse !
Un gage

À quels membres de ma famille je ressemble le plus ?

Quel évènement de mon passé aimerais-je effacer ?

 Bonne réponse !
Un bisou ou un câlin

 Mauvaise réponse !
Un gage

À quoi ressemblerait la maison de mes rêves ?

Avec quel membre de ma famille suis-je le(la) plus complice ?

Bonne réponse !
Un bisou ou un câlin

Mauvaise réponse !
Un gage

57

Qu'est-ce qui m'a fait tomber
amoureux(se) de toi ?

58

Comment s'appelait mon premier animal
de compagnie ?

 Bonne réponse !
Un bisou ou un câlin

 Mauvaise réponse !
Un gage

Quel est mon signe astrologique ?

Et mon signe astrologique chinois ?

 Bonne réponse !
Un bisou ou un câlin

 Mauvaise réponse !
Un gage

61

Combien de temps avons-nous attendu avant de vivre ensemble ?

62

De quel accomplissement personnel suis-je le(la) plus fier(e) ?

 Bonne réponse !
Un bisou ou un câlin

 Mauvaise réponse !
Un gage

Quelle est la personne que je déteste le plus ?

Quelle caresse je préfère ?

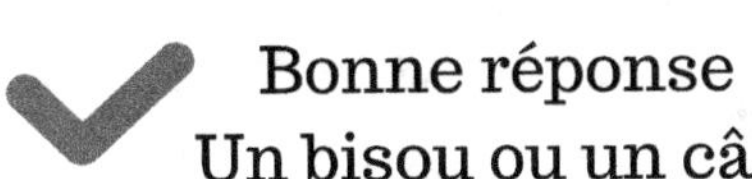 Bonne réponse !
Un bisou ou un câlin

 Mauvaise réponse !
Un gage

Avec combien de partenaires ai-je entretenu une relation sérieuse ?

Est-ce que j'ai déjà été trompé(e) par un(e) ex ?

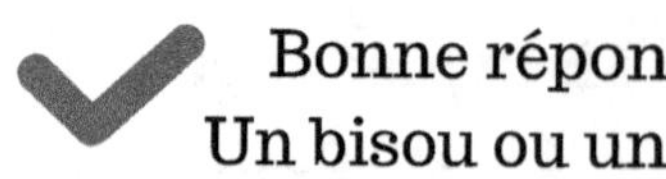

Si je devais changer d'emploi, lequel choisirais-je ?

Quel projet aimerais-je concrétiser cette année ?

 Bonne réponse !
Un bisou ou un câlin

 Mauvaise réponse !
Un gage

Comment est-ce que je me vois à 70 ans ?

À quel âge suis-je parti(e) de chez mes parents ?

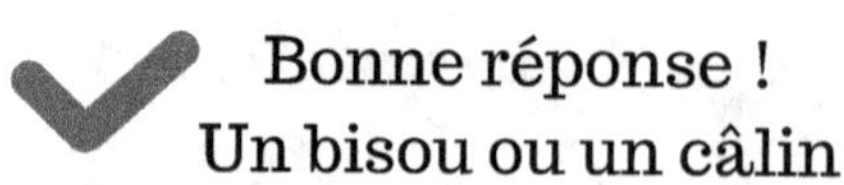 Bonne réponse !
Un bisou ou un câlin

 Mauvaise réponse !
Un gage

Quel a été le modèle de ma première voiture ?

Quelles BD je lisais quand j'étais petit(e) ?

 Bonne réponse !
Un bisou ou un câlin

Mauvaise réponse !
Un gage

73

Quel a été mon premier job rémunéré ?

74

Quelle est la plus grosse bêtise que j'ai faite quand j'étais enfant ?

Bonne réponse !
Un bisou ou un câlin

Mauvaise réponse !
Un gage

Quel est mon groupe de musique préféré ?

Quel est l'animal dont j'ai le plus peur ?

 Bonne réponse !
Un bisou ou un câlin

 Mauvaise réponse !
Un gage

Quelle est ma couleur préférée ?

Quelle est ma saison favorite ?

 Bonne réponse !
Un bisou ou un câlin

 Mauvaise réponse !
Un gage

Quel est le pire restaurant dans lequel je suis allé(e) ?

Quel est mon livre préféré ?

Bonne réponse !
Un bisou ou un câlin

Mauvaise réponse !
Un gage

81
Qu'est-ce qu'il me tardait le plus de pouvoir faire en quittant mes parents ?
Madame
Monsieur

82
Quel a été le plus beau cadeau qu'on m'ait offert ?
Madame
Monsieur

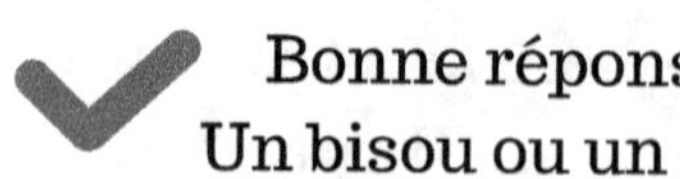

Bonne réponse !
Un bisou ou un câlin

Mauvaise réponse !
Un gage

Qu'est-ce que je préfère mettre comme base dans ma pizza ?

Cite-moi un plaisir que j'aime me faire en cachette ?

 Bonne réponse !
Un bisou ou un câlin

 Mauvaise réponse !
Un gage

85

Quel évènement à venir me tarde le plus ?

86

Quelle est la chanson que j'aime et que j'ai le plus honte d'écouter ?

 Bonne réponse !
Un bisou ou un câlin

 Mauvaise réponse !
Un gage

87

Quelle est mon sport préféré ?

88

Quel est mon film préféré ?

 **Bonne réponse !**
Un bisou ou un câlin

 **Mauvaise réponse !**
Un gage

89

Qu'est-ce que je ferais si je gagnais au loto ?

90

Quel est mon prochain objectif financier ?

 Bonne réponse !
Un bisou ou un câlin

 Mauvaise réponse !
Un gage

91

Pour qui ai-je voté aux dernières élections présidentielles ?

92

Ai-je déjà donné mon sang ?

 Bonne réponse !
Un bisou ou un câlin

 Mauvaise réponse !
Un gage

93

Comment j'imagine notre mariage (ou anniversaire de mariage) ?

94

Qu'est-ce que je pense du don d'organe ?

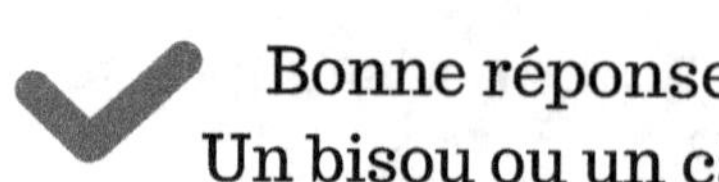 Bonne réponse !
Un bisou ou un câlin

 Mauvaise réponse !
Un gage

Quelle chanson aimerais-je qu'on diffuse à mon enterrement ?

Suis-je favorable à la peine de mort ?

 Bonne réponse !
Un bisou ou un câlin

 Mauvaise réponse !
Un gage

Ai-je déjà été dans un club libertin ?
Y ai-je déjà pensé ?

Quel a été le choix le plus difficile à faire
dans ma vie ?

 Bonne réponse !
Un bisou ou un câlin

 Mauvaise réponse !
Un gage

99

Comment réagirais-je si nous avions un enfant handicapé ?

100

Qu'est-ce qui me stresse le plus ?

 Bonne réponse !
Un bisou ou un câlin

 Mauvaise réponse !
Un gage

Si je devais conserver un seul objet, lequel ça serait ?

Qu'est-ce qui me touche le plus ?

 Bonne réponse !
Un bisou ou un câlin

 Mauvaise réponse !
Un gage

Est-ce que je suis superstitieux(se) ?

Quelle est l'expression que je répète le plus souvent ?

 Bonne réponse !
Un bisou ou un câlin

 Mauvaise réponse !
Un gage

Nomme au moins deux de mes collègues de boulot ?

Quel est mon jeu vidéo préféré ?

 **Bonne réponse !**
Un bisou ou un câlin

 **Mauvaise réponse !**
Un gage

Quelle est la catégorie que je préfère dans les sites porno ?

Quel est mon moment préféré de la journée ?

 **Bonne réponse !**
Un bisou ou un câlin

 **Mauvaise réponse !**
Un gage

Comment s'appelle mon/ma meilleur(e) ami(e) d'enfance ?

Quelle est la personne que je préfère parmi tes ami(e)s ?

 **Bonne réponse !**
Un bisou ou un câlin

 **Mauvaise réponse !**
Un gage

Quelle est la partie de ton corps que je préfère ?

Qu'est-ce que j'aimerais que tu me fasses là maintenant ?

 **Bonne réponse !**
Un bisou ou un câlin

 **Mauvaise réponse !**
Un gage

Qu'est-ce que tu m'as apporté qui fait de moi une meilleure personne ?

Quel est le dernier cadeau que je t'ai fait ?

 Bonne réponse !
Un bisou ou un câlin

 Mauvaise réponse !
Un gage

Quel est le dernier mot doux que je t'ai dit ?

Quel était le sujet de notre dernière dispute ?

 **Bonne réponse !**
Un bisou ou un câlin

 **Mauvaise réponse !**
Un gage

117

Où avons-nous fait l'amour la première fois ?

118

Qu'est-ce qui s'est le plus amélioré dans notre couple ?

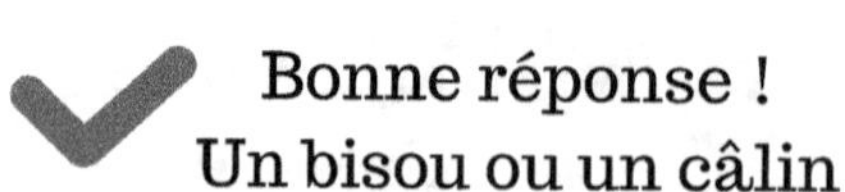 Bonne réponse !
Un bisou ou un câlin

 Mauvaise réponse !
Un gage

Quelle est notre expression à nous ?

Comment je nous imagine dans dix ans ?

Bonne réponse !
Un bisou ou un câlin

 Mauvaise réponse !
Un gage

Quel est notre plus gros point commun ?

Quelle est notre principale différence de caractère ?

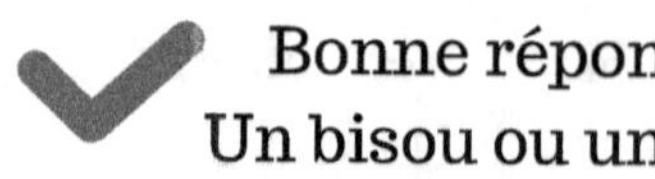 Bonne réponse !
Un bisou ou un câlin

 Mauvaise réponse !
Un gage

123

Quel est notre sujet tabou ?

124

Quel est mon endroit préféré pour faire l'amour ?

 Bonne réponse !
Un bisou ou un câlin

 Mauvaise réponse !
Un gage

125

Comment sais-tu quand j'ai envie de toi ?

126

Quelle est ma plus grande phobie ?

 Bonne réponse !
Un bisou ou un câlin

 Mauvaise réponse !
Un gage

Est-ce que j'ai déjà nagé totalement nu(e) ?

Qu'est-ce que je dis ou fais qui te fait te sentir aimé(e) ?

 Bonne réponse !
Un bisou ou un câlin

 Mauvaise réponse !
Un gage

Dans quel lieu insolite aimerais-je faire l'amour ?

Qu'est-ce que je préfère dans les préliminaires ?

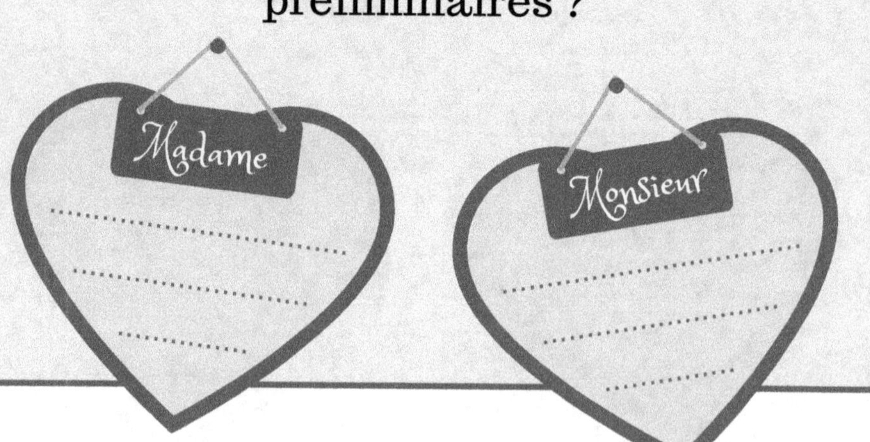

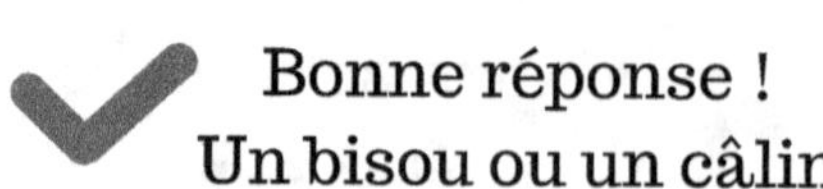 Bonne réponse !
Un bisou ou un câlin

 Mauvaise réponse !
Un gage

Est-ce que je préfère manger ou dormir ?

Que pourrai-je manger tous les jours ?

Bonne réponse !
Un bisou ou un câlin

Mauvaise réponse !
Un gage

Quel est le trait de caractère qui me définit le mieux ?

Qu'est-ce qui me remonte le moral à coup sûr ?

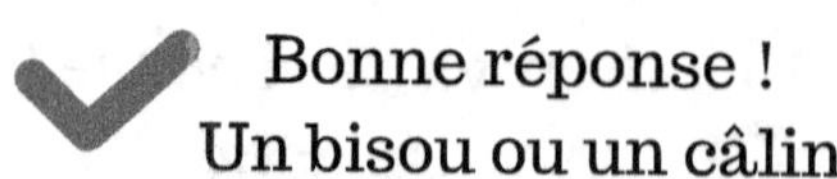 Bonne réponse !
Un bisou ou un câlin

 Mauvaise réponse !
Un gage

Est-ce que j'aime être dominé(e) au lit ?

Ai-je déjà pensé à la rupture de notre couple ?

 Bonne réponse !
Un bisou ou un câlin

 Mauvaise réponse !
Un gage

137

Qu'est-ce que j'aime bien cacher aux autres à propos de moi ?

138

Combien ai-je de frères et soeurs ?

 Bonne réponse !
Un bisou ou un câlin

 Mauvaise réponse !
Un gage

Combien de mes grands-parents sont encore en vie ?

Quel est mon dessert préféré ?

 **Bonne réponse !**
Un bisou ou un câlin

 **Mauvaise réponse !**
Un gage

Qu'est-ce que je me suis juré de faire au moins une fois dans ma vie ?

À quoi ressemblait mon doudou préféré quand j'étais petit(e) ?

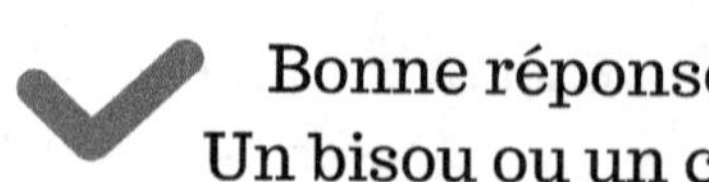 Bonne réponse !
Un bisou ou un câlin

 Mauvaise réponse !
Un gage

143

Quelle est ma boutique de vêtements préférée ?

144

Est-ce que je préfère acheter en ligne ou dans des magasins physiques ?

 Bonne réponse !
Un bisou ou un câlin

 Mauvaise réponse !
Un gage

145

Qu'est-ce qui me trahit quand je mens ?

146

Quelle partie du corps me suis-je déjà cassée ?

 Bonne réponse !
Un bisou ou un câlin

 Mauvaise réponse !
Un gage

Qui a offert le premier verre à l'autre ?

Ai-je déjà utilisé un site de rencontres pour trouver l'amour ?

 **Bonne réponse !**
Un bisou ou un câlin

 **Mauvaise réponse !**
Un gage

149

Est-ce que j'aimerais devenir célèbre ?

150

Je préfère aller à la plage ou à la piscine ?

 Bonne réponse !
Un bisou ou un câlin

 Mauvaise réponse !
Un gage